Roh-
Schokolade

Schirner
Verlag

Britta Diana Petri & Thorsten Weiss

Roh-
Schokolade

Super Food und
Aphrodisiakum

ISBN 978-3-8434-5066-9

Britta Diana Petri &
Thorsten Weiss:
Roh-Schokolade – Super Food
und Aphrodisiakum
© 2013 Schirner Verlag, Darmstadt

Umschlag: Murat Karaçay, Schirner, unter
Verwendung von # 13442537 (ExQuisine),
www.fotolia.de
Satz: Silja Bernspitz, Schirner
Redaktion: Sarah Neumann &
Bastian Rittinghaus, Schirner
Printed by: ren medien, Filderstadt, Germany

www.schirner.com

3. Auflage September 2014

INHALT

KAPITEL 1

10 *Rohe Schokolade* – von Thorsten Weiss

10 Eine Reise in die Welt des rohen Kakaos

12 So sieht sie aus, unsere Schokoladenwelt

14 Kakao – ein Schatz der Mayas

15 Als das Geld noch auf Bäumen wuchs

16 Wie wird eine Kakaobohne zu einer Kakaobohne?

18 Schokolade und ihre komplexen chemischen Eigenschaften

21 Kakao - der größte natürliche Magnesiumlieferant

23 Eine der reichsten Quellen natürlicher Antioxidantien

24 Allergien und Akne durch Schokolade – Wahrheit oder Mythos?

25 Schokolade essen ist wie verliebt sein

26 Das Aphrodisiakum – jetzt wird's interessant

27 Kakao – ein natürliches Antidepressivum?

27 Was tun mit der Schokoladensucht?

28 Kakao mit anderen Super Foods

29 Sei es dir wert, in das Beste für dich zu investieren

30 Die Grundzutaten aus der *Kakaofrucht*

30 Rohe Kakaobohnen

31 Rohe Kakaonibs

31 Rohes Kakaopulver

31 Roher Kakaoliquor

32 Rohe Kakaobutter

KAPITEL 2

Rezepte von Britta Diana Petri

34 Warum roh, vegan und glutenfrei?

35 Natürliche Süßungsmittel

37 Roh-Schokolade aus gesundheitlicher Sicht

38 Geräte und Utensilien für die Zubereitung

38 Selbst gemachte Bio-Roh-Schokolade

40 *Selbst gemachte Bio-Roh-Schokolade*

41 Zubereitung für alle Schokoladen (weiß & braun)

42 Weiße Paranuss-Schokolade

42 Weiße Vanille-Schokolade

42 Weiße Cashew-Schokolade mit Vanille

43 Einfache Schokolade

43 Fein schmelzende Mandel-Schokolade

43 Feine Cashew-Schokolade

44 Feine Haselnuss-Schokolade

44 Paranuss-Apfel-Zimt-Schokolade

45 Mandel-Orangen-Schokolade

45 Orientalische Kardamom-Schokolade

45 Kokolade

46 Weiße Schokolade mit Kakaonibs

47 Weiße Schokolade mit Datteln und Sauerkirschen

48 Dunkle Schokolade mit Kokosraspeln

49 Ananas-Schokolade

50 Walnuss-Orangen-Schokolade

51 Paranuss-Schokolade mit grünen Rosinen

52 *Schoko-Leckereien für zwischendurch und Desserts*

53 Gewürz-Schoko-Pralinen

54 Frucht-Nuss-Kugeln mit AFA-Algen

55 Frucht-Nuss-Kugeln mit Hanf

56 Frucht-Nuss-Würfel

57 Exotische Plätzchen mit Kakaonibs

58 Orangen-Schoko-Walnuss-Nuggets

59 Mandel-Roh-Kakao-Nugat

60 Schokoladentaler

61 Tropische Schokoladentaler

62 Erdmandel-Frucht-Schokoriegel

63 Pikante Tomaten-Schokoriegel

64 Schoko-Bananen-Leder

65 Nugat-Blume an Schoko-Bananen-Leder

66 Avocado-Schoko-Pudding

67 Mit Avocado-Schokocreme gefüllte Orangen

68 Gefüllter Schoko-Anis-Apfel

69 Gefüllte Schoko-Avocado

70 Choc-Chis –
ein Lieblingsrezept von Jenny Bor

71 Mandel-Schoko-Kugeln –
ein Lieblingsrezept von Jenny Bor

72 Frische Schoko-Minz-Brocken –
ein Lieblingsrezept von Jenny Bor

73 *Schokolierte Früchte*

74 Schoko-Tomaten

75 Schoko-Apfelringe

76 Bananen im Kakaoliquor-Mantel

77 Schoko-Physalis

78 Weitere Varianten

80 *Kuchen und Torten*

81 Brownies

82 Gewürzkuchen

83 Avocado-Schokocreme-Herz

84 Schokocremetorte auf Cashew-Basis

86 *Eiscreme*

87 Schoko-Bananen-Eiscreme

88 Schoko-Mango-Eiscreme

89 Erdbeer-Schoko-Eiscreme mit Kakaonibs

90 *Trinkschokolade und Co*

91 Einfache Nussmilch-Schokolade

92 Schokoshake

93 Schoko-Erdbeer-Shake

94 Pure-Love-Smoothie –

  ein Lieblingsrezept von Thorsten Weiss

95 Abbildungsverzeichnis

96 Über die Autoren

Warum

roh, vegan und glutenfrei?

Diese natürliche, lebendige Nahrung berührt **all unsere Sinne,** und sie kommuniziert mit uns sowohl energetisch als auch auf Zellebene. Mit ihr können wir auf natürlichste, schmackhafteste, farbenprächtigste und **kraftvollste Weise** unseren Körper aufbauen, unserem Bewusstsein **Flügel verleihen** und unser individuelles Potenzial entwickeln.

KAPITEL 1

Rohe Schokolade – von Thorsten Weiss

Behandle deinen Körper wie ein Kunstwerk von
unfassbarem Wert und einen Ausdruck von
Liebe und höchstem Bewusstsein. Sei dankbar
für jedes Organ, jeden Tropfen Blut und jede
Zelle, die deinen Körper formen. Beginne genau
jetzt, im Stillen für deinen Körper zu beten.
Sage Danke für dieses großartige Geschenk.
Schätze es, und beginne heute, deinen Körper
zu respektieren und ihm zu versprechen,
ihn wertzuschätzen und ihm das zu geben,
was aus deinem tiefsten Inneren ein
Leuchten in deine
Augen zaubert.

Kakao ist wahrhaftig so etwas wie reinste Liebe.

Eine Reise in die Welt des rohen Kakaos

Die Natur bietet uns Erstaunliches. In ihr finden wir alles, was
wir brauchen, um unsere Balance wiederherzustellen und den
Körper seine optimale Gesundheit entwickeln zu lassen. Dazu
müssen wir ihre Produkte aber so belassen, wie sie sie hervor-
bringt. Das sind dann Super Foods, wie sie bereits unsere Vor-
fahren konsumiert haben. Dadurch erreichten diese körperlich

und geistig einen höheren Energielevel, verloren Gewicht und entgifteten den Körper. Diese Nahrung wirkte freien Radikalen entgegen und reduzierte Schmerz und Entzündungen. Sie hat daher die Bezeichnung Super Food oder »Supernahrungsmittel« verdient. Roher Kakao und alles, was wir daraus zubereiten können, gleicht einem Zaubermittel. Bereits die zentralamerikanischen Ureinwohner bezeichneten den Kakao als das Essen der Götter. Kakaobohnen wurden zu ihrer Zeit nicht nur als Opfergabe, sondern sogar als Zahlungsmittel verwendet.

Kakao in ihrer seiner reinsten Form ist etwas so Wertvolles, dass wir diesem ursprünglichen Produkt eine ganz besonders liebevolle Bewunderung entgegenbringen wollen.
Lasse dich von uns in eine Welt entführen, in der dir der zarte Geschmack des Liebesbewusstseins, den dir deine ersten Kreationen aus dem umfangreichen Rezeptteil bescheren werden, auf deiner Zunge zergehen wird. Genieße diese ursprünglichen und aphrodisierenden Schokoladenrezepturen auf ganz neue Weise, und lasse deine Zellen durch dieses einzigartige Super Food erstrahlen!

Süße und vitale Herzensgrüße
Thorsten Weiss

So sieht sie aus, unsere Schokoladenwelt

Schokolade wird meist als Erstes genannt, wenn Menschen von Esssüchten berichten. Der weltweite Konsum wächst jährlich, und in Europa blüht das Geschäft mit der Schokolade. In der Schweiz werden jährlich rund 10 kg pro Person verzehrt, darauf folgen die Norweger und die Briten mit rund 9 kg, Belgier, Holländer, Deutsche und Österreicher setzen die Liste mit einer Menge von je rund 7 kg fort.

Doch ist das, was wir da im Allgemeinen konsumieren, wirklich so wertvoll? Oder machen wir uns da etwas vor? Denn wenn wir die überall erhältliche Industrieschokolade ansehen, ist darin von der ursprünglichen Kakaobohne und deren wertvollen Substanzen nicht mehr viel enthalten. Die meisten ihrer Qualitäten kann man sicherlich dann nutzen, wenn man die Kakaobohnen in ihrer natürlichen, rohen Form zu sich nimmt. Denn wenn Kakaobohnen stark erhitzt, behandelt, chemisch verarbeitet und mit Milchprodukten vermengt werden, verlieren sie ihre Nährstoffqualitäten und die psychoaktive Wirkung als ausgezeichnete Gehirnnahrung. Auch weitere Wirkungen von roher Schokolade werden durch das starke Erhitzen gemindert oder völlig aufgehoben, so die antioxidative, die aphrodisierende und die stimmungsaufhellende Wirkung.

Wenn die Bohnen heutzutage in riesigen Fabriken maschinell geknackt und geröstet werden und der Kakao auf 120 °C oder mehr erhitzt wird, danach Karbonate hinzugefügt werden, damit er sich besser in Wasser lösen kann, dann ist da nicht mehr viel von dem übrig, was früher als Nahrung der Götter bezeich-

net wurde. Größtenteils wird Industrieschokolade – also alle großen Marken, die wir in jeder erdenklichen Geschmacks- und Füllungs-Variation kaufen können – aus einer Mixtur von alkalisiertem Kakaopulver, Kakaobutter, Sojalecithin, Vanilleextrakt und, das ist das Schlimmste dabei, raffiniertem weißem Zucker hergestellt. Milchschokolade enthält zudem pulverisierten Milchextrakt, der die antioxidative Wirkung blockt und eine enorme Anzahl von Pestiziden und künstlichen Hormonen enthält, die durch die Fütterung der Tiere hineingelangten.

Schokolade ist eines von vielen Beispielen, die zeigen, wie »bewusstlos« Nahrung heutzutage hergestellt und konsumiert wird. Doch diese Entwicklung scheint überall auf der Welt eine andere Richtung einzuschlagen. Es entsteht eine neue Bewegung, und viele Menschen besinnen sich wieder darauf, die Wahrhaftigkeit echter, natürlicher und vitalisierender Nahrung zu entdecken: Einfachheit, Originalität und Nahrung, die mit Liebe von Menschen produziert wurde, die in einem hohen Bewusstsein leben.

Wir stehen gerade an einem ganz wesentlichen Punkt unserer Entwicklung, und wer weiterhin spirituell wachsen möchte, muss auch seinen Körper mit einbeziehen. Ohne dass unsere Zellen von innen strahlen, weil sie von Lebensmitteln genährt werden, die von Menschen produziert wurden, deren Streben mehr dem Bewusstsein, der Liebe und der Wahrhaftigkeit dient als der Macht, der Gier und der Ertragsmaximierung, werden wir nicht viel weiter kommen. Wir haben die Wahl. Wir können uns für hoch schwingende Nahrung entscheiden. Die Handlung, deine Hand zum Mund zu führen und etwas hineinzustecken, ist immer

die gleiche. Die Frage ist: Wonach greifst du? Du kannst immer
echte, rohe, biologische und reine Nahrung wählen – auch bei
Schokolade.

Kakao – ein Schatz der Mayas

Kakao ist magisch. Kakaobohnen sind die wohl am meisten
verehrten Früchte des Regenwaldes. Ihre medizinischen Eigenschaften sind die komplexesten aller Früchte des Amazonasge-
biets. Wissenschaftler stellten fest, dass die Kakaofrucht rund
1200 verschiedene wesentliche chemische Bestandteile enthält. Diese Komplexität kommt schon beinahe einem Wunder
gleich und ist der Grund dafür, dass Schokolade wahrscheinlich
niemals synthetisch nachgeahmt werden kann – Gott sei Dank.

Die Mayas haben den Kakao bereits dazu benutzt, heilende
und beschützende Taufrituale durchzuführen. Kindern sollte damit eine Verbindung zu den Regengöttern ermöglicht werden,
sodass sie diese später anrufen konnten, wenn es zu Trocken-
zeiten kam.
Die Mayas verwendeten als erste Zivilisation Kakaobohnen als
Währung. Natürlich hatten sie auch Kakaogötter. So wurde der
Kakao mit Prestige, Wohlstand und dem Adel in Verbindung
gebracht. Eine sehr außergewöhnliche Frucht also, die schon
Tausende Jahre höchste Wertschätzung erfährt.

Die Wissenschaft des 15. Jahrhunderts bestätigte dem Kakao
bereits eine Widerstandskräfte aufbauende Wirkung und einen
Effekt gegen Müdigkeit. Sie ging davon aus, dass Kakao einem

Menschen den ganzen Tag Energie geben könne, ohne dass dieser weitere Nahrung benötige. Ich selbst habe auf meinen vielen Seminarreisen immer eine Packung Kakaobohnen bei mir und genieße sie morgens im Smoothie und zwischendurch. Auch in meinem Auto habe ich immer einen kleinen Vorrat an rohen, geschälten Kakaobohnen. Während andere Autofahrer zu Kaffee oder Energydrinks greifen, um sich fit zu halten, stecke ich mir ein paar Kakaobohnen in den Mund und kaue diese genüsslich. Innerhalb von kurzer Zeit bin ich wieder hellwach und konzentrationsfähig. Die heilende Wirkung beeinflusst nicht nur meinen Zustand positiv, ich bin auch froh, unabhängig vom Angebot der Raststätten-Shops zu sein.

Als das Geld noch auf Bäumen wuchs

In den zentralamerikanischen Kulturen wurden Kakaobohnen tatsächlich wie Geld verwendet. Sie wurden als das »schwarze Gold« oder die »Saat des Goldes« bezeichnet. Montezuma soll einen Tresor voller Kakaobohnen gehabt haben. Überlieferungen sagen, er habe beinahe eine Milliarde Kakaobohnen in seinem Besitz gehabt. Ein bisschen verrückt klingt das schon, doch es gibt uns eine kleine Vorstellung davon, wie wertvoll diese Gabe der Natur ist. In Mexiko wurde die Kakaobohne noch bis in das Jahr 1887 als Währung eingesetzt. Einen Truthahn konnte man damals für rund 100 Kakaobohnen kaufen, ein Ei für drei. Da eine Kakaobohne sich nur rund drei Jahre lang hält, war auch immer alles »Geld« im Umlauf und wurde für das verwendet, wofür es gedacht ist.

Wie wird eine Kakaobohne zu einer Kakaobohne?

Der Kakaobaum ist ein langer, dünner Unterholzbaum mit glatten, schwertartigen Blättern. Kakao war ursprünglich im Amazonasgebiet beheimatet und wird heute in tropischen Gebieten angebaut. Nur dort ist das Klima ausreichend warm und feucht. Zusätzlich benötigt der Kakao aber genug Schatten, unter direkter Sonneneinstrahlung kann er sich nicht im gewünschten Maße entwickeln. Dieser noch aus dem amazonischen Regenwald stammenden Eigenheit wird beim Plantagenanbau durch eine Mischbepflanzung mit beispielsweise Kokospalmen, Bananenstauden, Kautschuk, Avocado oder Mango entsprochen.

Der immergrüne Kakaobaum blüht unter günstigen Voraussetzungen ganzjährig und trägt damit auch über das ganze Jahr Früchte. Die Erstblüte erfolgt im Alter von fünf bis sechs Jahren. Bestäubt werden die Blüten nicht von Bienen, sondern von Mücken. Die reifen, je nach Sorte grüngelben bis roten Früchte sind bis zu 30 cm lang und wiegen bis zu 500 g. Sie enthalten bis zu 50 in das Fruchtfleisch eingebettete Samen, umgangssprachlich als Kakaobohnen bezeichnet. Mit einem vollen Ertrag kann ab dem 12. Lebensjahr gerechnet werden. Kakao wird zweimal im Jahr geerntet, das erste Mal vom Ende der Regenzeit bis zum Beginn der Trockenzeit, das zweite Mal zu Beginn der nächsten Regenzeit. Dabei gilt die erste Ernte allgemein als hochwertiger.

In der Frucht sind die Bohnen in einem musigen Fruchtfleisch eingebettet. Die Urvölker verwendeten große Palmblätter, die sie auf dem Boden auslegten, um die im Fruchtfleisch eingeschlossenen Bohnen darauf auszulegen. Nach drei bis fünf Tagen war das Fruchtfleisch so warm geworden, dass die Bohnen bereits begannen zu keimen und das Fruchtfleisch fermentierte. Anschließend wurden die Bohnen für ein paar Wochen in der heißen Sonne getrocknet.

Heute werden natürlich moderne Technologien verwendet und die Kakaobohnen viel effizienter an einem Tag getrocknet. Der Fermentationsprozess ist dadurch weitaus schwächer. Dies wirkt sich sehr positiv auf den Geschmack der rohen Kakaobohnen aus, der weniger saure Noten enthält. Während des Fermentationsprozesses verflüssigt sich das Fruchtfleisch zu einer essigähnlichen Substanz, die von der Kakaobohne aufgesogen wird. Dadurch entstehen wichtige Aminosäuren, und die Bohne entwickelt einen intensiven Schokoladengeschmack. Die Bohnen werden während dieses Prozesses immer wieder gewendet und niemals höher als auf 42 °C erhitzt, um die größtmögliche Enzymaktivität zu gewährleisten, durch die sich der natürliche Geschmack entwickelt.

Je größer und schwerer Kakaobohnen sind, desto besser sind sie. Sie haben eine papierähnliche Haut, die leicht abzulösen ist, und schimmern in den unterschiedlichsten Farben von Violett und Rot über glänzendes Grau bis Braun und beinahe Tiefschwarz. Die Farbe ist dabei für den Geschmack und die Qualität nicht ausschlaggebend.

Das Geschmackserlebnis bei einer rohen Kakaobohne ist beinahe so komplex wie ihr Wirkstoffgehalt. Wenn du die Augen schließt und dich mit allen Sinnen auf deine Wahrnehmung konzentrierst, bietet sich dir ein sich immer wieder veränderndes Geschmackserlebnis. Die Bohne schmeckt zunächst ein wenig trocken, die leichte Süße und der Geschmack von natürlichem Öl breiten sich aus, leichte Bitterstoffe und ein dezenter Hauch von gutem Essig geben der knackig-cremigen Substanz ihre Note. Die Kakaobohne ist wirklich eines der faszinierendsten natürlichen Super Foods auf unserem Planeten.

Schokolade und ihre komplexen chemischen Eigenschaften

Wenn man sich die Liste der chemischen Komponenten von Schokolade betrachtet, wird einem schwindelig. Um dem Kakao die Wertschätzung zu geben, die er verdient hat, bekommst du hier einen kleinen Einblick in seine beinahe 1200 Inhaltsstoffe. Die Liste liest sich wie das Who's who der gesunden Inhaltsstoffe. Du musst kein Biologe oder Chemiker sein, um zu erkennen, welchem Reichtum der Natur du gegenüberstehst. Wir konzentrieren uns deswegen auf die wesentlichen Wirkstoffe.

ALANIN	Aminosäure zur Bildung von Proteinen
ANANDAMID	anregende mehrfach ungesättigte Fettsäure
ARGININ	Aminosäure zur Bildung von Proteinen
BETA-SISTEROL	senkt den Blutcholesterinspiegel
KALZIUM	zur Bildung der Knochen, Unterstützung der Blutgerinnung
KATALASE	Enzym zum Abbau von Zellgiften
CATECHINE	hemmen die Fettspeicherung, regen die Wärmebildung im Körper an
CHLORIDE	Bedeutung für das Säure-Basen-Gleichgewicht
CHROMIUM	erhöht die Fettverbrennung und senkt den Blutzuckerspiegel
KUPFER	wirkt antibakteriell
DOPAMIN	Glückshormon
EISEN	Spurenelement zur Energiegewinnung in der Zelle
EPICATECHIN	wichtiges Antioxidant
ERGOSTERIN	Provitamin – wird durch UV-Strahlung in der Haut zu Vitamin D umgebaut
GLYCIN	Aminosäure zur Bildung von Proteinen
HISTIDIN	unterstützt den Sauerstofftransport im Blut – essenziell für den Zinkstoffwechsel
ISOLEUCIN	Aminosäure zur Bildung von Proteinen
LEUCIN	essenzielle Aminosäure, die Heilungsprozesse unterstützt
LINOLSÄURE	essenzielle Omega-6-Fettsäure
LIPASE	Enzym zur Verdauung von Fett

LYSIN	Aminosäure zur Verbrennung von Körperfetten und zur Produktion von Hormonen
MAGNESIUM	aktiviert die Enzyme
NIACIN	B-Vitamin für eine gute Herzfunktion und wichtig für das Nervensystem
PEKTIN	senkt das LDL-Cholesterin
PHENYLALANIN	essenzielle Aminosäure – wirkt positiv auf Gedächtnisleistung und als Appetitzügler
PHENYLETHYLAMIN	wird als das »Hormon der Verliebten« bezeichnet
POLYPHENOLE	Antioxidantien mit entzündungshemmender und krebsvorbeugender Wirkung
PROLIN	Aminosäure für den Aufbau von Sehnen, Knochen und Gelenken
PROTEIN	pflanzliches Eiweiß und Grundnährstoff
PYRIDOXIN	Vitamin B6
RIBOFLAVIN	Vitamin B2
SEROTONIN	Wohlfühlhormon
SPERMIDIN	unterstützt die Zellreparatur
STIGMASTEROL	fördert den Eisprung
TANNIN	wirkt entzündungshemmend
THEOBROMIN	Alkaloid
THIAMIN	Vitamin B1 – das Nervenvitamin
THREONIN	essenzielle Aminosäure für Knochenwachstum und Immunsystem
TOCOPHEROL BETA & GAMMA	Vitamin E
TRIGONELLIN	Bitterstoff – verhindert die Bildung von Karies

TRYPTOPHAN	essenzielle Aminosäure – fördert einen gesunden Schlaf
TYROSIN	Aminosäure – hat eine intensiv stimmungsaufhellende Wirkung
VALIN	essenzielle Aminosäure – unterstützt die Energiegewinnung in der Muskulatur

Um es nicht zu kompliziert zu machen – es geht ja vor allem um den Genuss von leckeren Kreationen aus dem rohem Kakao –, wollen wir uns nicht so sehr auf detaillierte Mengenangaben konzentrieren, sondern mehr zu den signifikanten Inhaltsstoffen sagen. Einige sind in so minimalen Konzentrationen vorhanden, dass sie beim Konsum von Kakao eine sehr geringe Wirkung aufweisen. Dennoch wollten wir dir einen kleinen Einblick geben, um dir zu zeigen, wie besonders diese Frucht ist.

Kakao – der größte natürliche Magnesiumlieferant

Magnesium gehört zu den wichtigsten Mineralstoffen für unseren Körper und leider auch zu denen, die durch die Ernährungsweise in unserer modernen Gesellschaft am meisten fehlen. Die rohen Bohnen des Kakaos besitzen die höchste Konzentration an natürlichem Magnesium.

Magnesium beruhigt das Nervensystem. Es wird deswegen auch als das »Salz der inneren Ruhe« bezeichnet. Das liegt daran, dass es die Erregungsweiterleitung der Nerven dämmt. Magnesium hilft dabei, die Muskeln zu entspannen, wodurch einige Menschen am Abend besser einschlafen. Der Magnesiumbedarf steigt enorm an, wenn ein Mensch unter Stress steht. Magnesium unterstützt das Herz, erhöht die Leistungsfähigkeit des Gehirns, ist muskelentspannend und unterstützt den Aufbau der Knochen. Es trägt auch dazu bei, dass mehr als 300 verschiedene Entgiftungs- und Ausscheidungsvorgänge im Körper überhaupt stattfinden können.

Schokolade wird deswegen als »Nahrung für das Herz« gesehen, weil es dem Herzmuskel das Magnesium liefert, das er benötigt, um seiner Aufgabe gerecht zu werden. Wenn Magnesium im Körper reichlich vorhanden ist, kann das Gehirn klar und fokussiert arbeiten. Wenn der Körper mit Magnesium unterversorgt ist, dann ist die Gehirntätigkeit sehr stark eingeschränkt.

Eine Kombination von Kakao mit anderen Super Foods, die viel Vitamin B6 enthalten (z. B. Bienenpollen, Goji-Beeren oder Spirulina) erhöht die Aufnahme von Magnesium in den Zellen sogar noch. Du solltest diese Kombinationen von Super Foods in deine Ernährung aufnehmen und erleben, welche Effekte das auf deine Leistungsfähigkeit hat. Die leckeren Rezepte in diesem Buch geben dir dafür viele Ideen, und du kannst Schokolade aus einer ganz neuen Perspektive wahrnehmen und ohne schlechtes Gewissen essen. Übermaß und eine einseitige Ernährung sind niemals gut, und wir wollen dir hier nicht den Freifahrtschein dafür geben, dich ausschließlich von Schokolade zu ernähren. Unsere Empfehlungen zielen auf eine ausgeglichene Ernährung, in der Kakao seinen neuen Platz finden darf.

Denke jedoch auch an die vielen anderen Nahrungsmittel und Super Foods, die dir die Natur bietet.[*]

Eine der reichsten Quellen natürlicher Antioxidantien

Frische Kakaobohnen sind sehr reich an antioxidativen Flavonoiden. Eine Studie zeigt: Sie enthalten pro 100 g rund 10 000 mg davon – das sind 10 %! So viel davon enthält fast kein anderes Lebensmittel.

Flavonoide, auch unter der Bezeichnung sekundäre Pflanzenstoffe bekannt, gehören zu den Polyphenolen. Das sind wasserlösliche Farb-, Duft-, Abwehr- und Aromastoffe sowie Wachstumsregulatoren, die eine wichtige Rolle im Stoffwechsel vieler Pflanzen spielen. Es gibt Flavonoide, die gefäßverstärkende Wirkungen haben. Andere wiederum wirken entzündungshemmend oder antimikrobiell, antiviral oder krampflösend. Außerdem können sie in verschiedenen Fällen das Risiko eines Krankheitsausbruchs vermindern und cholesterinsenkend wirken. Als Antioxidantien können sie sogar eine vor Krebs schützende Wirkung haben und helfen, die Leistung des Langzeitgedächtnisses zu verbessern.

Mehrere Studien haben jedoch ergeben, dass die gesundheitlichen Vorteile der Flavonoide durch Milch zunichte gemacht werden, wie bei der weiterverarbeiteten Milchschokolade. Entgegen den oben genannten 10 000 mg finden sich in weiterverarbeitetem Kakaopulver und Schokolade nur noch etwa 500 mg Flavonoide pro 100 g. Es bleiben also nur 5 % der antioxidativen

* Siehe hierzu: Thorsten Weiss & Jenny Bor: Super Foods – Iss dich vital, gesund und schön. Schirner Verlag 2013

Wirkung übrig. Untersuchungen zeigen, dass die Antioxidantien im Kakao sehr stabil sind und vom Körper leicht aufgenommen werden können. Kakaopulver soll mehr als doppelt so viele Antioxidantien wie Rotwein enthalten und mehr als dreimal so viel wie grüner Tee.

Allergien und Akne durch Schokolade – Wahrheit oder Mythos?

Der Mythos, dass Schokolade Allergien hervorrufen könne, kursiert schon, solange ich denken kann. Doch neue Untersuchungen zeigen, dass dies sehr unwahrscheinlich ist. Meist rührt dies daher, dass die betreffende Person allergisch auf pasteurisierte Milch reagiert. Diese ist übrigens das Lebensmittel, das an erster Stelle aller Allergien verursachender Lebensmittel steht. Eine aktuelle Studie zeigte, dass nur einer von 500 Probanden, die glaubten, allergisch auf Schokolade zu sein, tatsächlich positiv auf einen Allergietest reagierten.

Das Gleiche gilt für Akne. Diese wird nicht durch die Schokolade selbst, sondern insbesondere durch den weißen, raffinierten Zucker ausgelöst, der in den meisten Industrieschokoladen verarbeitet ist. Die rohe Kakaobohne und alle Kreationen, zu denen du die Rezepte in diesem Buch findest, kannst du also in Bezug auf Hautirritationen bedenkenlos konsumieren. Selbst Menschen, die normalerweise sogar auf qualitativ hochwertige biologische Schokolade mit hohem Kakaoanteil mit Hautirritationen reagieren, können in großen Mengen rohen Kakao essen, ohne dass er eine Allergie auslöst.

Schokolade essen ist wie verliebt sein

Erinnerst du dich noch an das letzte Mal, als du über beide Ohren verliebt warst? Du fühltest dich high, als könntest du Bäume ausreißen, und warst bei allem euphorisch. Verliebte und euphorische Menschen wirken immer attraktiv und anziehend auf andere. Der Grund für diesen Zustand ist ein Stoff namens Phenylethylamin (PEA). Das ist der Liebesstoff, der genau diese Gefühle der Euphorie auslöst, uns optimistisch macht, uns die rosarote Brille aufsetzt und uns alles in einem High-Gefühl und einer wunderbaren Leichtigkeit erleben lässt. Das Gehirn setzt PEA auch dann frei, wenn du sexuell erregt bist, und während eines Orgasmus ist die PEA-Ausschüttung besonders hoch. Dagegen haben depressive Menschen meist einen sehr niedrigen PEA-Level. Und jetzt kommt's: Schokolade enthält bis zu 2 % von diesem Stoff. Dies ist eine sehr hohe Konzentration und sicher mit ein Grund dafür, warum Schokolade so geliebt wird.

Doch nicht nur das. Es gibt einen weiteren Bestandteil im Kakao, das sogenannte L-Deprenyl. Dieser Stoff verringert den Abbau von PEA stark, sodass es länger im Körper bleibt. Doch PEA hat noch mehr zu bieten: Es erhöht die Effektivität von Neurotransmittern, was das Freudegefühl in uns erhöhen und die Konzentrationsfähigkeit stärken kann. Deswegen greifen wahrscheinlich auch so viele nach Schokolade, wenn sie Liebeskummer haben.

Die Welt der Super Foods bietet aber noch einen Lieferanten mit einer hohen Konzentration von diesem Liebesstoff: Neben dem Kakao ist die blaugrüne Alge damit ganz besonders gesegnet. In Kombination sind diese beiden Super Foods also unschlagbar. Für einen Start in einen leichten, freudvollen Tag gibst du also am besten einen kleinen Teelöffel blaugrüne Alge (z. B. Spirulina) in einen Kakaosmoothie. Dadurch erhältst du eine einzigartige Konzentrationsfähigkeit. Selbst Menschen, die von ADHS betroffen sind, können mit dieser Wundermischung länger konzentriert bleiben.

Das Aphrodisiakum – jetzt wird's interessant

Kakao wurde von den indigenen Völkern Nordamerikas als Heilmittel für das Herz verwendet. Sie nannten ihn aufgrund seines hohen Gehaltes an Magnesium, Antioxidantien, Liebesbotenstoffen und auch seiner »esoterischen« Eigenschaften Herzblut. Doch Kakao kann noch mehr. Er fördert sensitive, behagliche und sexuelle Fantasien. In einer Umfrage gaben 50 % der befragten Frauen an, Schokolade dem Sex vorzuziehen. Schon immer galt Schokolade als Aphrodisiakum. Alten Legenden nach soll Montezuma erst 50 Tassen heiße Schokolade getrunken haben, bevor er sich in seinen Harem aufmachte. Es scheint etwas dran zu sein an der weit verbreiteten Meinung, dass Schokolade so richtig Lust auf Liebe macht.

Kein Wunder, denn Kakao ist eine der besten Quellen für die Aminosäure Arginin. Dieser Stoff wirkt auf ähnliche Weise wie Viagra und erhöht den Blutfluss in das männliche Geschlecht. Er steigert auch das sexuelle Verlangen. Der Effekt auf Frauen ist nicht kleiner. Kakao stimuliert durch das PEA und den Inhaltsstoff Theobromin die Dopaminproduktion. Aus Studien geht hervor, dass ein Dopaminkick die Produktion der Hormone anregt, die Frauen sexuell anregen.

Kakao – ein natürliches Antidepressivum?

Neben seinem hohen Magnesiumgehalt ist Kakao noch ein außerordentlich guter Lieferant für Serotonin, Dopamin und Phenylethylamin. Diese Neurotransmitter sind bekannt dafür, dass sie »Mir-geht-es-gut-Gefühle« erzeugen und depressive Zustände verringern. Andere chemische Bestandteile des Kakaos unterstützen dazu noch die Langlebigkeit dieser Stoffe und erhalten sie besonders lange im Blut, sodass sie ihre ganze Wirkung entfalten können. Dies führt sogar dazu, dass sich unser Körper verjüngt und unser Leben sich somit verlängert. All diese Eigenschaften und ein hoher Vitamin-B-Gehalt sowie eine hohe Anzahl an Anandamiden, die das Gefühl von Glückseligkeit hervorrufen, machen Kakao zu einem kraftvollen Lieferanten für alles, was unser Gehirn benötigt, um in hervorragender Stimmung und Gesundheit zu sein.

Was tun mit der Schokoladensucht?

Um eine Schokoladensucht zu überwinden, ist das Beste, was du tun kannst, sofort mit der weiterverarbeiteten Schokolade in all ihren Variationen aufzuhören und nur noch selbst gemachte Produkte aus rohem Kakao zu konsumieren. Die Frage ist nämlich, ob du tatsächlich süchtig auf das High-Gefühl bist, das dir auch der Roh-Kakao liefert, oder ob es mehr eine Zuckersucht ist, die du mit Schokolade stillst. Zucker macht sehr schnell abhängig, er zerstört die Darmflora und schwächt damit das Immunsystem. Zucker kann hyperaktiv, aber auch depressiv machen, kann Angstzustände auslösen und zu Schlafstörungen führen. Der rohe Kakao hingegen wirkt alldem entgegen. Der Konsum von rohem Kakao und den Kreationen daraus verspricht also einen Genuss ohne Nebenwirkungen. Kein Zucker, keine Milch, keine chemischen Zusätze – keinerlei allergische Reaktionen und keine übermäßige Gewichtszunahme. Darüber hinaus sind roher Kakao und alles, was du daraus machen kannst, auch hervorragend dafür geeignet, einen veganen Lebensstil mit leckeren Schokoladendesserts zu bereichern. In Industrieschokolade findet sich nämlich nicht nur krebserregendes Mineralöl, sondern angeblich auch tierisches Blut, um die Schokolade auf günstige und legale Weise zart zu machen, und den schönen Glanz bekommen die Tafeln von Läusekot – Schellack. Das alles ist nicht nur unappetitlich, sondern auch sicherlich nichts für Vegetarier.

Kakao mit anderen Super Foods

Wenn du deine Ernährung zu einem auf Super Foods basierten Ernährungsstil veränderst und so viel wie möglich rohe Nahrung zu dir nimmst, dann kannst und wirst du ein völlig neues Lebensgefühl entwickeln. Kakao ist in vielfältiger Weise mit anderen Super Foods kombinierbar.

Kakao harmoniert ganz wunderbar mit Agave, Bienenpollen, Carob, Cashewnüssen, Chili, Zimt, Kokosprodukten, Maca, Spirulina, Hanfsaat und Papaya, um nur einige zu nennen. Wenn wir diese Nahrungsmittel miteinander kombinieren, entsteht eine wunderbare Synergie, und die Inhaltsstoffe verbinden sich zu etwas so Gutem, dass sie im Körper echte Wunderwirkungen vollbringen können.

Sei es dir wert, in das Beste für dich zu investieren

Bei der Auswahl der Grundzutaten für alle hier in diesem Buch vorgestellten Rezepte empfehlen wir dir grundsätzlich Produkte in Bio- und Rohkostqualität. Natürlich sind die teurer als konventionelle Produkte. Doch es geht schließlich um deinen Körper. Er ist dein größtes Gut, und er sollte für dich das wertvollste Geschenk sein, das du in deinem Leben hast. Vielleicht denkst du: Ich habe momentan nicht so viel Geld zur Verfügung, doch später einmal werde ich mir das bestimmt leisten können. Diese Haltung ist aber eher hinderlich, wenn es um deine Selbstwertschätzung geht. Denn nach dem Gesetz der Resonanz ziehst du das an, was du aussendest. Auch deine Zellen tragen dazu bei, diese Resonanz herzustellen. Wie also kannst du Wertvolles anziehen, wenn das, was diesen Wert aussenden müsste, auf einer nicht so hohen Ebene schwingt? Es ist wie im Geschäftsleben: erst die Investition, dann der Ertrag. Jeder »Return on Invest« ist eine Frage der Resonanz. Dieses Grundprinzip hat nichts mit Geld zu tun, sondern es geht nur um den Wert. Die Kakaofrucht hat einen hohen Wert für deinen Körper, das hat dir all das Wissen über sie bestimmt klargemacht. Sei es dir selbst wert, in gute Rohstoffe zu investieren, denn das wird dein ganzes Leben positiv beeinflussen – in Bezug auf deine Gesundheit, aber auch auf deine Beziehungen und deinen Erfolg.

Lasse dich also inspirieren, und schaue dich in deinem örtlichen Bioladen um. Je mehr Raw Food du verwendest, desto besser.*

Die Grundzutaten aus der Kakaofrucht

ROHE KAKAOBOHNEN

Die Kakaobohne ist vielseitig in ihren Farben und Größen, und jede Art hat ihre ganz eigene Ausprägung im Geschmack. Einige sind dunkelbraun, andere hellbraun, manche sind lila oder sogar weiß. Die Kakaobohnen werden mit Haut und in geschälter Form angeboten. Die Haut schmeckt meist etwas bitter, und es hängt von deinem persönlichen Geschmack ab, ob du sie mit oder ohne Haut konsumierst. Es gibt sogar Varianten zu kaufen, die noch mit Resten des Fruchtmarks umhüllt sind. Diese geben dir als Snack für zwischendurch ein ganz besonderes Geschmackserlebnis. Geschälte Kakaobohnen sind etwas teurer, aber man kann die Haut ganz leicht mit einem Fingergriff entfernen. Das ist sogar ein angenehmes, meditatives Erlebnis, bei dem man sich sinnlich mit der Bohne verbinden kann.

---

* Wenn du die eine oder andere Zutat in keinem Geschäft findest, kannst du sie oft im Internet bestellen. Zum Beispiel auf unserer Seite: www.rawsuperfood.de

ROHE KAKAONIBS

Rohe Kakaonibs sind kleine, 2 bis 3 mm große Stückchen der rohen Kakaobohne, die ganz wunderbar auf der Zunge zergehen und perfekt dazu geeignet sind, sie in einen frischen Obstsalat zu mengen oder sie in Smoothies zu verarbeiten, was ein fühlbares Esserlebnis beschert. Kakaonibs sind Bruch von ganzen Kakaobohnen und deswegen meist auch ein paar Euro günstiger als die ganze Bohne.

ROHES KAKAOPULVER

Das rohe Kakaopulver ist eine besondere Form der Kakaobohne. Roher Kakao gehört zu den wertvollsten und vitalstoffreichsten Lebensmitteln, die es gibt. Allerdings gilt dies nur für rohen Kakao, in dem die wichtigen Mineral- und Pflanzenstoffe voll erhalten bleiben, während bei herkömmlichem Kakao durch den Verarbeitungsprozess viele wertvolle Inhaltsstoffe verloren gegangen sind. Nachdem die Kakaobohne sanft zermahlen wurde, wird die flüssige Kakaomasse herausgepresst, und es bleibt das Kakaopulver zurück.

KAKAOLIQUOR

Das andere Kakaoprodukt, das beim Zermahlen der Kakaobohnen entsteht, ist der Kakaoliquor. Die austretende, flüssige Kakaobutter wird mit dem Kakaobruch vermischt, und es

entsteht der sogenannte Kakaoliquor. Dieser ist eine zähe Masse, die zur Herstellung von Schokolade verwendet werden kann. Er ist aber auch an sich schon ein außerordentlich reichhaltiges Schokoladenprodukt. Er kann geschmolzen und mit anderen Super Foods zu Schokoladenkreation verarbeitet werden.

ROHE KAKAOBUTTER

Der Bestandteil, der bei der Herstellung von Kakaopulver austritt, ist die Kakaobutter. Diese ist in ihrer besten Qualität, so wie andere hochwertige Öle, immer kalt gepresst. Kakaobutter hat ein starkes Schokoladenaroma. Sie ist weiß bis zartgelb und kann für die Herstellung von Schokolade verwendet werden. Die wertvolle Kakaobutter schmilzt bereits bei Körpertemperatur und wird dann zu Kakaoöl. Aufgrund dieser Eigenschaft wird sie auch in der Schönheitsindustrie immer beliebter, beispielsweise für Duschgels und Cremes, und in der Pharmazie als Grundlage für Zäpfchen und Salben.

Freue dich nun auf den praktischen Teil dieses Buches! Wähle dir am besten gleich ein erstes Lieblingsrezept aus, und besorge dir die Zutaten in deinem Bioladen. Denn nur die praktische Umsetzung kann dich die wundervollen Einsichten, die du beim Lesen dieser Seiten hattest, auch wirklich spüren lassen. Lasse dich also inspirieren von all den wundervollen Rezeptideen von Britta Diana Petri, Jenny Bor und Thorsten Weiss.

KAPITEL 2

Rezepte – von Britta Diana Petri

Warum roh, vegan und glutenfrei?

In der RainbowWay® Vitalkost-Küche steht die rohe und vegane Vitalkost-Zubereitung im Vordergrund. Frische, rohe Nahrungsmittel, die nicht über 42 °C erhitzt wurden, enthalten noch all ihre Vitamine, Mineralstoffe, Spurenelemente, natürlichen Eiweiße, Fette, Enzyme und alle bekannten und unbekannten Vitalstoffe. Auch die sekundären Pflanzenstoffe, Farben und Ordnungsinformationen bleiben »lebendig« und geben ihre Botschaft an uns weiter, sodass wir sie optimal verstoffwechseln können. Diese natürliche, lebendige Nahrung berührt all unsere Sinne, und sie kommuniziert mit uns sowohl energetisch als auch auf Zellebene. Mit ihr können wir auf natürlichste, schmackhafteste, farbenprächtigste und kraftvollste Weise unseren Körper aufbauen, unserem Bewusstsein Flügel verleihen und unser individuelles Potenzial entwickeln.

Eine vegane Lebensweise bevorzuge ich deshalb, weil es nicht sein kann, dass Tiere getötet oder gequält und ausgebeutet werden, um uns zu ernähren, solange noch essbare Pflanzen auf unserem Planeten wachsen. Es gibt reichlich Literatur zu den Themen Vegetarismus und Veganismus. Informiere dich darüber, es lohnt sich. Manche Menschen haben Angst davor, unter Mangelerscheinungen zu leiden, wenn sie sich vegan ernähren. Aber keine Sorge, wenn du eine vegane Ernährung mit einem sehr hohen Vitalkost-Anteil verbindest, bist du optimal

versorgt. Aus eigener Erfahrung kann ich berichten, dass auch vegan und mit hohem Rohkostanteil großgezogene Kinder zu gesunden, vitalen, kreativen und intelligenten Erwachsenen heranwachsen, ohne dass sie unter Mangelerscheinungen leiden. Ich halte die vegane Vitalkost für die optimale Ernährung des neuen Zeitalters.

Natürliche Süßungsmittel

In der veganen RainbowWay® Vitalkost-Küche stehen zusätzliche, nicht natürliche Süßungsmittel eher im Hintergrund und werden oft nicht einmal für süße Gerichte eingesetzt, da Nahrungsmittel wie Früchte und manche Gemüsefrüchte selbst genügend natürliche Zuckerarten enthalten. Zusätzliche, unnatürliche Süße würde den wundervollen Eigengeschmack und die ursprüngliche Botschaft dieser Nahrung zerstören.

Da das Bedürfnis nach Süße individuell sehr unterschiedlich ist, verzichte ich auf genau einzuhaltende Mengenangaben der natürlichen Süßungsmittel. Auch die Wahl des Süßungsmittels bleibt dir selbst überlassen. Es kann sein, dass du heute deine Schokolade weniger süß magst oder brauchst als an einem anderen Tag. Bleibe daher beim Zubereiten der Schokoladenkreationen kreativ, und stimme die Rezepte immer auf deine individuellen Bedürfnisse ab.

Bei Kreationen, die etwas mehr Süße gebrauchen können, kannst du beispielsweise eingeweichte Datteln verwenden, die zu einer Art Dicksaft – von der Konsistenz her honigähnlich – gemixt werden (ein hitzebehandeltes Produkt nennt man

Sirup, ein rohköstliches Produkt Dicksaft). Dicksäfte kann man aus allen möglichen Trockenfrüchten herstellen (Rosinen, grünen Rosinen, Ananas, Aprikosen, Apfelringen, Mangos, Papayas usw.). Dafür musst du sie einfach in Wasser einweichen und anschließend im Mixer verarbeiten – fertig. Sie sind etwa 3–5 Tage im Kühlschrank haltbar, weil durch das Einweichen von getrockneten Früchten in Wasser ein enzymatischer Prozess in Gang kommt, der mit der Zeit zur Gärung führt. Wenn du Trockenfrüchte, die nicht eingeweicht wurden, zu einer süßen Paste verarbeitest, dann kannst du diese viele Monate aufbewahren, ohne dass eine Gärung eintritt.

- Verwende also nicht eingeweichte, pürierte Trockenfrüchte für Kreationen, die einige Zeit haltbar sein sollen.

- Verwende Dicksaft aus eingeweichten Trockenfrüchten für Kreationen, die innerhalb von 1–3 Tagen verzehrt werden.

Übersicht empfehlenswerter natürlicher Süßungsmittel

- eingeweichte, zu Mus gemixte Trockenfrüchte, wie z. B. Datteln, grüne Rosinen, Aprikosen, Äpfel ...
- Apfeldicksaft in Rohkostqualität
- Birkenzucker/Xylit

- frischer Birkensaft (im Frühling schonend zapfen)
- Stevia-Blätter oder Produkte daraus
- sonstige Süßungsmittel in Bio- und Rohkostqualität

Roh-Schokolade aus gesundheitlicher Sicht

Wie Thorsten im Vorfeld schon fachkundig beschrieben hat, enthält die Kakaofrucht neben vielen hochwertigen Vitalstoffen auch »anregende« Stoffe, die Gehirn, Hormon- und Nervensystem beeinflussen können. Damit ist Schokolade als ein »funktionelles« Lebensmittel einzustufen. Man kann die Kakaofrucht und alle Produkte daraus als leichte, legale Genussdrogen bezeichnen, ähnlich schwarzem Tee oder Kaffee, und sollte daher bewusst und sorgsam damit umgehen. Wenn wir Bioware beziehen und sie in Rohkostqualität in vernünftigen Mischungsverhältnissen verwenden, dann haben wir die optimale Methode, Schokolade roh, vegan und damit lactose-, gluten- und zuckerfrei so naturnah wie möglich zu genießen.

Mit den folgenden Schokoladenkreationen möchte ich dazu beitragen, dass gesundheitsbewusste Schokofans nicht mehr auf die konventionellen Produkte angewiesen sind, die größtenteils fragwürdige Zutaten und Zusätze enthalten. Die hier vorgestellten Rezepte ermöglichen es dir, mit natürlichen Zutaten und wenig Aufwand selbst Schokoladenkreationen herzustellen, bei denen du auch die eigene Kreativität und individuellen Bedürfnisse mit einfließen lassen kannst. Wer diese Rezepte gerne »ohne die kakaotypische anregende Wirkung« zubereiten möchte, z.B. für Kinder, kann das Kakaopulver einfach durch Carobpulver ersetzen.

Geräte und Utensilien für die Zubereitung

- ein starker Mixer oder Blender, wie z. B. ein VitaMix, Thermomix, Personal Blender oder ein ähnliches Gerät
- ein Lebensmitteltrockner/Dehydrator
- Silikonförmchen für Schokopralinen
- Förmchen für Schokoladentafeln
- eine Gießkelle mit schmalem Ausguss zum Befüllen der Förmchen
- ein Set zur Herstellung von Pralinen aus dem Fachhandel (geht aber auch ohne)
- ein scharfes Messer
- Kuchenformen ohne Boden für Desserts und Torten

Selbst gemachte Bio-Roh-Schokolade

Die wichtigsten Grundlagen für eine selbst gemachte Roh-Schokolade sind die Kakaobutter, das rohe Kakaopulver und der Kakaoliquor, die allesamt aus rohen Kakaobohnen gewonnen werden. Ich bevorzuge die Kakaosorte Criollo, denn sie weist einen wesentlich geringeren Säuregehalt und weniger Bitterstoffe auf als die meisten anderen marktüblichen Sorten.

Als weitere Zutat empfehle ich sehr fein vermahlene Nüsse und als Emulgatoren Lezithine, wie Sojalezithin, Sonnenblumenlezithin oder Hanflezithin. Als natürliche Süßungsmittel für die Schokolade können Dattelmus, Apfeldicksaft, Xylit oder was immer du gerne magst verwendet werden. Alle Zutaten werden gut miteinander vermischt. Um eine cremige Konsistenz zu erreichen, wird die Masse im Mixer verarbeitet oder gut durchgerührt. So entsteht beim Verzehr ein zart schmelzendes Gefühl im Mund. Auch die Zugabe von reinem weißen Mandelmus sorgt für eine weichere, zartere Konsistenz.

Bei Allergien oder Unverträglichkeiten gegen eine Zutat, z. B. gegen bestimmte Nüsse oder Früchte, kannst du diese entsprechend deinen Bedürfnissen gegen eine andere Zutat austauschen.

Weiße Schokolade wird aus einem Bestandteil der Kakaobohne hergestellt, enthält aber keinen Kakao. Wir erhalten sie, wenn wir anstelle der ganzen Kakaobohne (Kakaopulver, Liquor usw.) nur die Kakaobutter verwenden. Du kannst Kakaobutter gut im Lebensmitteltrockner, im Thermomix, im Backofen bei 50 °C und offener Tür oder in einer Gießkelle auf heißem Wasserbad schmelzen. Achte darauf, dass die Temperatur etwa bei 37, maximal 42 °C liegt, dann bleiben alle wertvollen Inhaltsstoffe erhalten. Rohe Kakaobutter kann in nahezu jedem Rezept Verwendung finden, sei es für Konfekt, Eiscreme, Schokoladenkreationen, Kuchen, Torten, Smoothies ...

Selbst gemachte Bio–Roh–Schokolade

Rezepte von Britta Diana Petri

Zubereitung für alle Schokoladen

(weiß & braun)

Tipp:
Statt die flüssige Schokolade in Tafelförmchen zu füllen, kannst du sie
natürlich auch in jede andere Form
füllen, wie z. B. in Herz-, Stern-
oder Blütenformen.

ZUBEREITUNG

Schmilz die Kakaobutter, und verarbeite sie mit den restlichen Zutaten so lange im Mixer, bis eine flüssige Schokolade entsteht. Fülle
sie in Tafelförmchen, und stelle sie für 2–3 Stunden kühl, bis die
Schokolade fest ist (wenn es schnell gehen soll, kannst du sie alternativ auch für ca. 30 Minuten ins Gefrierfach stellen).

Weiße Paranuss-Schokolade

ZUTATEN

100 g rohe Kakaobutter | 100 g sehr fein gemahlene Paranüsse | 1 EL Bio-Apfeldicksaft in Rohkostqualität oder ein anderes Süßungsmittel deiner Wahl | 1 TL Lezithin

Weiße Vanille-Schokolade

ZUTATEN

100 g rohe Kakaobutter | 1 EL Mandelmus | Süßungsmittel deiner Wahl | 1 Prise Vanille

Weiße Cashew-Schokolade mit Vanille

ZUTATEN

100 g rohe Kakaobutter | 100 g sehr fein gemahlene Cashewnüsse | ½ TL Vanille | Süßungsmittel deiner Wahl | 1 TL Lezithin

Einfache Schokolade

ZUTATEN

100 g rohe Kakaobutter | 2 EL rohes Kakao-
pulver | 1 EL Dattelmus (nach Belieben)

TIPP: Durch das Hinzufügen von 1 TL Lezithin als Emulgator von Fett und Wasser verbinden sich die Zutaten besser, falls du z.B.
Dattelmus aus in Wasser eingeweichten
Datteln verwendest.

Fein schmelzende Mandel-Schokolade

ZUTATEN

100 g rohe Kakaobutter | 50 g Mandel-
mus | 50 g Dattelpaste oder andere
Süßungsmittel deiner Wahl | 2 EL rohes
Kakaopulver | 1 TL Lezithin

Feine Cashew-Schokolade

ZUTATEN

100 g rohe Kakaobutter | 50 g sehr fein
gemahlene Cashewnüsse | 2 EL rohes
Kakaopulver | 1–2 EL Dattelpaste oder
andere Süßungsmittel deiner Wahl |
1 TL Lezithin

TIPP: Wenn du deine Schokolade lieber
mit Nussstücken magst, kannst du auch
noch ein paar gebrochene Chashew-
Nüsse untermischen.

Feine Haselnuss-Schokolade

ZUTATEN

100 g rohe Kakaobutter | 50 g zu Mus gemahlene Haselnüsse | 1–2 EL rohes Kakaopulver | 1 EL Dattelmus oder andere Süßungsmittel deiner Wahl | 1 TL Lezithin (nach Belieben)

TIPP: Verfeinere deine Schokolade noch, indem du ein paar ganze Haselnüsse in die noch flüssige Schokolade gibst. Als Variante kannst du die noch flüssige Schokolade auch in eine Spritztülle füllen und in kleinen Häubchen auf eine Unterlage geben. Stelle diese dann für einige Stunden in den Kühlschrank, bis die Schokolade fest ist.

Paranuss-Apfel-Zimt-Schokolade

ZUTATEN

100 g rohe Kakaobutter | 50 g sehr fein gemahlene Paranüsse | 50 g Bio-Apfel-dicksaft in Rohkostqualität | 20 g gemahlene getrocknete Apfelringe | 1 TL Lezithin | 1 Msp. Ceylon-Zimt

TIPP: Diese leckere Schokolade passt besonders gut zur Weihnachtszeit. Passend dazu kannst du die noch flüssige Schokolade in kleine Silikon-Sternförmchen füllen. Neben der weißen Paranuss-Apfel-Zimt-Schokolade kannst du durch die Zugabe von Kakaopulver oder Kakaoliquor in die noch flüssige Schokolade zudem auch dunkle Schokolade herstellen. Je mehr Kakaopulver oder –liquor du hinzufügst, umso dunkler wird die Schokolade.

Mandel-Orangen-Schokolade

ZUTATEN

100 g rohe Kakaobutter | 50 g rohes Mandelmus | 50 g Dattelmus | 2 EL rohes Kakaopulver | 1 TL von der frisch abgeriebenen Schale einer Bio-Orange

Orientalische Kardamom-Schokolade

ZUTATEN

200 g rohe Kakaobutter | 2 EL rohes Kakaopulver | 2 EL Dattelmus | 1 EL Mandelmus | 2 TL sehr fein gemahlene Kardamom-Samen | 1 TL Lezithin

Kokolade

ZUTATEN

100 g rohe Kakaobutter | 50 g Kokosöl | 50 g Kokosmus | 2 EL rohes Kakaopulver | 1 TL Lezithin | Süßungsmittel deiner Wahl, z. B. Xylit oder Dattelmus

Da die Kokolade bei Zimmertemperatur leicht schmilzt, sollte sie gekühlt serviert werden.

TIPP: Gib noch 50 g Kokosraspeln in Bio-Rohkostqualität in die Kokolade.

Weiße Schokolade mit Kakaonibs

ZUTATEN

100 g rohe Kakaobutter | 50 g Mandel-
mus | 1 TL Soja- oder Sonnenblumen-
lezithin | 1 TL Birkenzucker oder fein
gemahlener Xylit | 1 EL rohe Kakaonibs

ZUBEREITUNG

Schmilz die Kakaobutter, und verarbeite sie zusammen mit dem
Mandelmus, dem Lezithin und dem Birkenzucker bzw. dem Xylit im
Mixer zu einer feinen Masse. Gib anschließend die Kakaonibs dazu,
und rühre sie sorgfältig unter. Fülle die flüssige Schokolade in Tafeln,
und stelle sie für 2 – 3 Stunden kühl.

Weiße Schokolade mit Datteln und Sauerkirschen

ZUTATEN

100 g Kakaobutter | 30 g Mandelmus |
30 g Kokosöl | 1 TL Lezithin | 1 TL Birken-
zucker | 2 fein gehackte getrocknete Datteln |
1 Tasse getrocknete Sauerkirschen

ZUBEREITUNG

Schmilz die Kakaobutter, und verarbeite sie zusammen mit dem
Mandelmus, dem Kokosöl, dem Lezithin und dem Birkenzucker im
Mixer zu einer sehr feinen Masse.
Füge dann die Datteln und die Sauerkirschen hinzu (wenn du willst,
kannst du sie noch fein hacken). Gieße die Schokolade in eine be-
liebige Form, und stelle sie bis zum Servieren für 2–3 Stunden kühl.

Dunkle Schokolade mit Kokosraspeln

ZUTATEN

100 g rohe Kakaobutter | 50 g Kokosmus | 1 EL rohes Kakaopulver | 1 TL Birkenzucker | 1 TL Soja- oder Sonnenblumenlezithin | 2 EL Kokosraspel

ZUBEREITUNG

Schmilz die Kakaobutter, und verarbeite sie zusammen mit dem Kokosmus, dem Kakaopulver, dem Birkenzucker und dem Lezithin im Mixer zu einer glatten Masse. Rühre anschließend vorsichtig die Kokosraspel unter, bis sie gleichmäßig in der fast flüssigen Masse verteilt sind, und gieße die Schokolade in eine beliebige Form. Stelle sie vor dem Servieren für 2–3 Stunden kühl.

Ananas-Schokolade

ZUTATEN

50 g Kakaoliquor | 50 g Kakaobutter |
50 g fein gemahlene Paranüsse |
1 TL Lezithin | 1 TL Birkenzucker |
2 EL stark zerkleinerte getrocknete
Ananas

ZUBEREITUNG

Verarbeite den Kakaoliquor, die Kakaobutter, die fein gemahlenen
Paranüsse, das Lezithin und den Birkenzucker im Mixer zu einer
sehr feinen, glatten Masse, und hebe die zerkleinerte Ananas sacht
unter. Fülle die Schokomasse in Förmchen oder Tafeln, und stelle sie
für 2–3 Stunden kühl, damit die Schokolade schön fest wird.

Walnuss-Orangen-Schokolade

ZUTATEN

100 g rohe Kakaobutter | 50 g gemahlene Walnüsse | 1–2 EL rohes Kakaopulver | 1 EL Dattelmus oder andere Süßungsmittel deiner Wahl | 1 TL Lezithin | 5 Walnusshälften, zerbrochen | 1 TL abgeriebene, getrocknete Orangenschale

ZUBEREITUNG

Schmilz die Kakaobutter, und verarbeite sie zusammen mit den gemahlenen Walnüssen, dem Kakaopulver, dem Dattelmus und dem Lezithin zu einer feinen Masse. Rühre anschließend die Walnusshälften und die Orangenschalen unter, und fülle die noch flüssige Schokolade in Förmchen. Stelle sie für 2–3 Stunden kühl, damit die Schokolade schön fest wird.

Paranuss-Schokolade mit grünen Rosinen

ZUTATEN

100 g rohe Kakaobutter | 50 g sehr fein gemahlene Paranüsse | 1–2 EL rohes Kakaopulver | Süßungsmittel deiner Wahl | 1 TL Lezithin | 1 EL grob zerhackte oder ganze grüne Rosinen

ZUBEREITUNG

Schmilz die Kakaobutter, und verarbeite sie mit den Paranüssen, dem Kakaopulver, dem Süßungsmittel und dem Lezithin zu einer feinen Masse. Hebe danach die Rosinen unter, und fülle die noch flüssige Schokolade in Förmchen. Stelle sie für 2–3 Stunden kühl, damit die Schokolade schön fest wird.

Schoko-Leckereien
für zwischendurch
und Desserts

Gewürz-Schoko-Pralinen

ZUTATEN

200 g rohe Kakaobutter | 50 g Kakao-
liquor | 100 g Mandelmus | 50 g Dat-
telmus | 1 TL Carobpulver |
1 TL Lezithin | ½ TL Ceylon-Zimt |
½ TL fein gemahlene Kardamom-
Samen | ½ TL fein gemahlener
schwarzer Pfeffer | 1 Prise Chilipulver

ZUBEREITUNG

Schmilz die Kakaobutter und den Liquor, und gib sie zusammen
mit dem Mandelmus, dem Dattelmus, dem Carobpulver und dem
Lezithin in den Mixer. Füge zum Schluss die Gewürze hinzu, und vermische alles noch einmal. Fülle die Masse anschließend entweder
in eine Tafelform oder in Silikonförmchen für Pralinen, und stelle sie
in den Kühlschrank, bis die Tafel oder die Pralinen fest sind.

Frucht-Nuss-Kugeln mit AFA-Algen

ZUTATEN

300 g Mandeln, Paranüsse und Cashew-nüsse | 100 g Rosinen | 100 g getrocknete Datteln | 1 TL AFA-Algenpulver | 3 EL rohes Kakaopulver (bei Bedarf auch mehr) | 1 EL Kokosraspel (bei Bedarf auch mehr)

ZUBEREITUNG

Verarbeite die Nüsse, die Rosinen, die Datteln, das AFA-Algenpulver und 2 EL des Kakaopulvers in der Küchenmaschine zu einem Teig, und forme daraus kleine Kügelchen. Wälze die eine Hälfte davon im restlichen Kakaopulver und die andere in den fein gemahlenen Kokosraspeln.

Frucht-Nuss-Kugeln mit Hanf

ZUTATEN

1 Tasse gemahlene geschälte Hanfsamen | 1 Tasse gemahlene Nüsse deiner Wahl | 1 EL zerkleinerte getrocknete Ananas | 1 EL grüne Rosinen |
1 EL zerkleinerte getrocknete Physalis |
1 EL geschmolzene Kakaobutter |
1 TL rohes Kakaopulver | 1 TL fein gemahlener Xylit oder 1–2 getrocknete Datteln | 1 EL Carobpulver |
1 gehäufter EL geschälte Hanfsamen

ZUBEREITUNG

Verarbeite alle Zutaten bis auf das Carobpulver und die gemahlenen Hanfsamen im Mixer zu einem feinen Teig, und forme daraus ca. 10 g schwere Kugeln. Wälze diese im Carobpulver und den gemahlenen Hanfsamen. Stelle sie für 1–3 Stunden kühl, bis sie fest sind.

Frucht-Nuss-Würfel

ZUTATEN

1 Tasse gemahlene Paranüsse |
1 EL zerkleinerte getrocknete
Ananas | 1 EL grüne Rosinen |
1 EL Goji-Beeren | 1 EL Kakaonibs |
1 EL geschmolzene Kakaobutter |
1 gestrichener TL fein gemahlener
Xylit oder 1–2 getrocknete Dat-
teln | 1 EL rohes Kakaopulver (bei
Bedarf auch mehr)

ZUBEREITUNG

Verarbeite alle Zutaten bis auf das Kakaopulver im Mixer zu einem
Teig, und forme daraus kleine, etwa 10–12 g schwere Würfel. Wälze
diese im Kakaopulver, und stelle sie für 1–3 Stunden kühl, bis sie
fest sind.

Exotische Plätzchen mit Kakaonibs

ZUTATEN

300 g Mandeln, Paranüsse und Cashewnüsse | 50 g grüne Rosinen | 50 g getrocknete Datteln | 50 g getrocknete Physalis | 50 g getrocknete Ananasringe | 50 g getrocknete Goji-Beeren | 50 g grob gemahlene Kakaobohnen bzw. -nibs

ZUBEREITUNG

Verarbeite alle Zutaten in der Küchenmaschine zu einem Teig, rolle diesen aus, und stich Plätzchen daraus aus.

Tipp: Anstelle der Plätzchen kannst du aus den Zutaten auch Schokolade herstellen. Lasse dafür einfach die ganzen Nüsse weg, und gib nur ein paar gehackte Nüsse deiner Wahl hinzu. Fülle die Schokolade in eine beliebige Form, und stelle sie bis zur Verwendung kühl.

Orangen-Schoko-Walnuss-Nuggets

ZUTATEN

1 EL abgeriebene, getrocknete Orangenschale | 1 EL Kakaonibs | 5 getrocknete Datteln | 1 Tasse gemahlene Walnüsse | 2 EL flüssige Kakaobutter

ZUBEREITUNG

Zerkleinere die Orangenschale, die Kakaonibs und die Datteln in der Küchenmaschine, und gib die gemahlenen Walnüsse und die Kakaobutter hinzu. Verarbeite alles zusammen zu einem groben Teig. Forme daraus kleine Nuggets, und stelle sie bis zum Verzehr kühl.

Mandel-Roh-Kakao-Nugat

ZUTATEN

300 g Mandelmus | 3 EL Dattel-
mus | 2–3 EL rohes Kakaopulver |
½ TL rohe Vanille, alternativ Ceylon-
Zimt

ZUBEREITUNG

Knete alle Zutaten von Hand zu einer glatten Nugatmasse. Danach
lässt sie sich wunderbar weiterverarbeiten. So kannst du etwa Kügelchen daraus formen, die Masse auswalzen und mit Förmchen
Figuren daraus ausstechen oder einen Block daraus formen und
diesen in Scheiben schneiden. Wenn du lieber kreativ arbeitest,
kannst du z. B. ein Gesicht oder etwas anderes daraus gestalten.

Schokoladentaler

ZUTATEN

1 Tasse flüssige einfache Schokolade
(Zubereitung siehe S. 43) |
1 TL AFA-Algen | ca. 1 EL Pistazien

ZUBEREITUNG

Vermenge die flüssige einfache Schokolade mit den AFA-Algen im
Mixer, und befülle damit jeweils bis zur Hälfte runde Förmchen.
Lege die Pistazien darauf, und fülle die Förmchen mit der restlichen
Schokolade auf. Stelle sie zum Festwerden in den Kühlschrank.
Statt Pistazien kannst du auch Goji-Beeren, Nussbruch, Rosinen, ge-
trocknete Physalis oder Stücke von anderen getrockneten Früchten
deiner Wahl verwenden.

Tropische Schokoladentaler

ZUTATEN

Für den Teig:
1 Tasse gemahlene Paranüsse |
1 EL zerkleinerte getrocknete Physalis |
1 EL zerkleinerte getrocknete Ananas |
1 gestrichener TL fein gemahlener Xylit
oder 1 – 2 getrocknete Datteln | 1 EL Kakaonibs | 1 EL flüssige Kakaobutter

Für die Glasur:
1 gestrichener TL fein gemahlener Xylit |
50 g geschmolzener Kakaoliquor

Tipp:
Du kannst die Taler problemlos einige Tage
aufbewahren und z.B. als Snack für zwischendurch mit in die Schule, zur Uni oder zur
Arbeit nehmen.

ZUBEREITUNG

Verarbeite alle Zutaten für den Teig im Mixer zu einer feinen Masse, gib dabei zuallerletzt die Kakaonibs und die Kakaobutter hinzu. Forme aus dem Teig etwa 10 g schwere Kugeln, und drücke sie flach in die Form eines Talers. Mische für die Glasur den Xylit unter den flüssigen Kakaoliquor, und bestreiche eine Seite des Talers damit. Stelle die Taler kurz kühl, damit die Glasur fest wird.

Erdmandel-Frucht-Schokoriegel

ZUTATEN

Für den Teig:
1 Tasse gemahlene Erdmandeln | ½ Tasse gemahlene Paranusskerne | 1 EL getrocknete Sauerkirschen | 3 getrocknete Medjool-Datteln ohne Stein | 1 EL rohes Kakaopulver | 1 EL geschmolzene Kakaobutter

Für die Glasur:
1 gestrichener TL fein gemahlener Xylit | 50 g flüssiger Kakaoliquor, alternativ 50 g flüssige Kakaobutter und ½ TL Kakaopulver

ZUBEREITUNG

Verarbeite für den Teig alle Zutaten zu einer feinen Masse, und lasse diese 30 Minuten ruhen. Forme anschließend daraus Riegel. Vermische für die Glasur den Xylit mit dem Kakaoliquor bzw. mit der Kakaobutter und dem Kakaopulver. Bestreiche die Oberseite der Riegel mit der Glasur, und stelle die Riegel für 1–3 Stunden kühl, bis die Glasur fest ist.

Pikante Tomaten-Schokoriegel

ZUTATEN

1 Tasse gemahlene Mandeln | 1 Tasse gemahlene geschälte Hanfsamen | 1 Tasse getrocknete Tomaten | 1 EL rohes Kakaopulver | 1 EL geschmolzener Kakaoliquor | 1 Prise Kristallsalz | 1 Prise Chilipulver | 1 Dattel | 1–2 EL Pulver aus sehr kross getrockneten Tomaten

ZUBEREITUNG

Verarbeite alle Zutaten bis auf das Tomatenpulver in einer Küchenmaschine zu einem feinen Teig, und forme daraus kleine Riegel. Wälze die Riegel in dem Tomatenpulver, und stelle sie für 1–3 Stunden kühl, damit sie schön fest werden.

Schoko-Bananen-Leder

2 reife Bananen |
1 EL rohes Kakaopulver

ZUBEREITUNG

Verarbeite die Zutaten im Mixer zu einer feinen Masse, und streiche sie dünn auf einem Antihaftbogen des Lebensmitteltrockners (z. B. Excalibur) aus. Lasse sie für ca. 8 Stunden trocknen, bis das Leder sich gut abziehen lässt (je nach Trockengerät und Auftragsstärke der Masse kann die Trockenzeit variieren).

Nugat-Blume
an Schoko-Bananen-Leder

ZUTATEN

1 Schoko-Bananen-Leder
1 TL rohes veganes Nugat
(Zubereitung siehe S. 59)
1 getrockneter Ananasring

Tipp:
Bestreue das kleine Kunstwerk zur
Dekoration mit geraspelter Kakaobutter
und geraspelter Roh-Schokolade.

ZUBEREITUNG

Schneide aus dem Schoko-Bananen-Leder Halbkreise oder andere
Formen aus, und drapiere sie stehend auf einem Teller. Forme aus
dem Nugat eine halbe Kugel, die du dann in die Mitte des Ana-
nasrings drückst, sodass es aussieht wie eine kleine Sonnenblume.
Durch das Loch in der Ananas tritt etwas Nugat auf der Rückseite
aus. Mit ihm kannst du das Fruchtleder von hinten etwas anheften.

Avocado-Schoko-Pudding

ZUTATEN

2 reife Avocados | 2 EL Dattelmus |
1-2 EL rohes Kakaopulver

Tipp:
Der Pudding passt wunderbar zu
frischen Früchten.

ZUBEREITUNG

Verarbeite alle Zutaten im Mixer zu einem feinen Pudding.
Fülle ihn in Schälchen, und stelle ihn für 1 Stunde kühl.
Serviere ihn danach sofort.

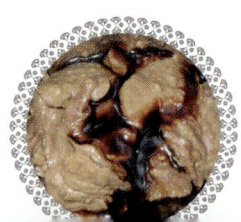

Mit Avocado-Schokocreme gefüllte Orangen

ZUTATEN

2 reife Avocados | Saft und abgeriebene Schale einer frischen Bio-Orange | 2–3 EL Dattelmus | 2 EL rohes Kakaopulver | 1 ganze Orange

Tipp:
Dekoriere die gefüllten Orangen mit geraspelter Roh-Schokolade oder Kakaopulver und einem Stück Orangenschale.

ZUBEREITUNG

Verarbeite die Avocados, den Orangensaft, die abgeriebene Orangenschale, das Dattelmus und das Kakaopulver im Mixer zu einer glatten Creme, und gib sie in eine Schüssel. Schneide die Orange in zwei Hälften, und höhle sie aus. Lege die Orangenhüllen beiseite, entferne die Haut von den Orangenfilets, und hebe diese unter die Creme. Fülle diese in die ausgehöhlten Orangenhälften.

Gefüllter Schoko-Anis-Apfel

ZUTATEN

1 aromatischer, schön gefärbter
Apfel | ½ Avocado | 1 kleine reife
Banane | 1 EL rohes Kakaopulver |
1 EL flüssige Kakaobutter | 4 fein
gemahlene Sternanissamen

Für die Glasur

1 TL flüssige Kakaobutter |
½ TL rohes Kakaopulver

ZUBEREITUNG

Wasche den Apfel gut, und poliere ihn. Trenne am Stielende eine Art
»Deckel« gerade ab. Rühre die Kakaobutter und das Kakaopulver
für die Glasur glatt, und glasiere den Deckel mit dieser Mischung.
Höhle den restlichen Apfel aus, entferne das Kerngehäuse, und
püriere das Fruchtfleisch vom Apfel mit dem der Avocado, der kleinen Banane, dem Kakaopulver, der flüssigen Kakaobutter und den
Sternanissamen. Wenn Süße fehlt, kannst du noch etwas Dattelpaste
dazugeben. Fülle den ausgehöhlten Apfel mit der Masse, und lege
den glasierten Deckel darauf.

Gefüllte Schoko-Avocado

ZUTATEN

1 reife Avocado | 1 Banane |
2 EL rohes Kakaopulver |
1 EL Dattelmus, falls mehr Süße
gewünscht ist | 1 EL Kakaonibs |
1 Prise Vanille

ZUBEREITUNG

Halbiere vorsichtig die Avocado, und höhle sie aus. Verarbeite ihr Fruchtfleisch, die Banane, das Kakaopulver und je nach gewünschter Süße das Dattelmus im Mixer zu einer feinen Creme. Rühre danach die Kakaonibs und die Vanille unter, und fülle die Masse löffelweise in die leeren Avocado-Hüllen. Garniere sie nach Wunsch mit Blättern, Früchten oder Blüten.

Choc-Chis

– ein Lieblingsrezept von Jenny Bor

ZUTATEN

2 großzügige EL Kokosfett | 3 EL rohe Cashewnüsse | 3 sehr fein gehackte Datteln | 100 g Goji-Beeren | 50 g Kokosraspel | 2 EL rohes Kakaopulver | 2 EL Kakaonibs | 1 EL Hanfsaat | ½ TL rohes Vanillepulver

Tipp:

Jenny und Thorsten mischen noch 1 EL biologische Bienenpollen in die Masse – ein weiteres fantastisches Super Food voller Eiweiß, antibakterieller Substanzen, Vitamine und Mineralien. Für Veganer und Pollenallergiker ist es leider nicht geeignet.

ZUBEREITUNG

Verflüssige das Kokosfett kurz im Wasserbad, zerkleinere die Cashewnüsse im Mörser, und hacke die Datteln sehr fein. Vermenge danach alle Zutaten gut in einer großen Schüssel. Fülle die Masse anschließend in Papierförmchen, und drücke sie etwas an. Stelle die Formen dann für etwa 1 Stunde in den Kühlschrank, damit die Masse fest wird. Es ist auch möglich, einen kleinen Vorrat im Gefrierfach zu bewahren und diesen nach rund 5-minütiger Auftauzeit oder auch gefroren zu genießen.

Mandel-Schoko-Kugeln

– ein Lieblingsrezept von Jenny Bor

ZUTATEN

2 Handvoll Goji-Beeren | 3 EL Kakaonibs |
3 EL gemahlene Mandeln | 2 EL Kokosfett |
6 fein gehackte Datteln | 1 EL rohes
Kakaopulver

Tipp:

Statt der Datteln können Nichtveganer
auch 2 EL rohen Honig verwenden.

ZUBEREITUNG

Vermahle die Goji-Beeren für ca. 30 Sekunden im Blender zu einer
zähen Masse. Vermenge diese dann in einer Schüssel mit allen anderen Zutaten zu einem Teig. Forme daraus ungefähr 10 bis 15 Kugeln, und stelle diese für 1 Stunde in den Kühlschrank, damit sie
fest werden. Es ist auch möglich, einen kleinen Vorrat im Gefrierfach
zu bewahren und die Kugeln nach rund 5-minütiger Auftauzeit oder
auch gefroren zu genießen.

Frische Schoko-Minz-Brocken

– ein Lieblingsrezept von Jenny Bor

ZUTATEN

2 EL Kokosfett | 5–10 Blätter frische
Minze | 2 EL Nüsse deiner Wahl |
2 EL Goji-Beeren und/oder Ro-
sinen | 1 EL rohes Kakaopulver |
1 EL Kokosraspel | ½ TL rohes
Vanillepulver

ZUBEREITUNG

Verflüssige das Kokosfett kurz im Wasserbad, schneide die Min-
ze in feine Streifen, und hacke die Nüsse im Blender. Vermenge
dann alle Zutaten zu einer zähen Masse. Streiche diese dann in
ca. 3–4 mm Dicke auf ein Brett oder einen Teller. Stelle die Schokolade für ca. 1 Stunde in den Kühlschrank oder das Gefrierfach.
Danach kannst du sie in Stücke brechen und genießen.

Schokolierte
Früchte

Schoko-Tomaten

ZUTATEN

10 aromatische Cocktailtomaten |
1 Prise gemahlenes Kristallsalz |
1 Tasse noch flüssige einfache
Schokolade (Zubereitung siehe S. 43) |
1 Prise Chilipulver

ZUBEREITUNG

Schneide die Cocktailtomaten in feine Scheiben, bestäube sie ganz leicht mit gemahlenem Kristallsalz, und gib sie in den Lebensmitteltrockner. Lasse sie trocknen, bis sie kross sind wie Chips (ca. 8 Stunden). Gib in die noch flüssige einfache Schokolade das Chili. Tauche die trockenen Tomaten-Chips einzeln und vorsichtig in die Schokolade, und lege sie auf ein feines Gitter zum Abtropfen und Festwerden. Stelle einen Teller unter das Gitter, um die abtropfende Schokolade aufzufangen und wiederzuverwerten. Die Schokolade wird schneller wieder fest, wenn du sie kühl stellst.

Schoko-Apfelringe

ZUTATEN

5 kleine aromatische Äpfel |
1 Tasse noch flüssige Schokolade
deiner Wahl (Rezepte ab S. 42) |
1 Prise Zimt

ZUBEREITUNG

Schneide die Äpfel in feine Ringe, und lasse sie im Lebensmitteltrockner für ca. 8 Stunden trocknen, bis sie kross sind. Je nach Trockner sowie Frische und Saftgehalt der Frucht kann die Trocknungszeit
variieren. Gib eine Prise Zimt in die noch flüssige Schokolade. Tauche die Apfelringe einzeln darin ein, und lege sie zum Abtropfen
und Festwerden vorsichtig auf ein feines Gitter oder auf einen Teller.
Stelle sie dazu kühl. Diese würzige Schokoladenkreation ist ein High-
light auf jedem Vitalkost-Büfett.

Bananen im Kakaoliquor-Mantel

50 g Kakaoliquor |
2 reife Bananen

ZUBEREITUNG

Schmilz den Kakaoliquor, und pinsele die geschälten Bananen rundherum damit ein. Lege sie auf ein Gitter, und stelle sie kühl, damit der Liquor wieder fest werden kann. Es ist ein herrliches Mundgefühl, wenn man in den knackigen, bitteren Liquor beißt und sich die süße Banane im Mund mit der Schokolade vermischt.

Schoko-Physalis

ZUTATEN

50 g Kakaoliquor | 10 g Kakaobutter |
½ TL fein gemahlener Xylit |
100 g getrocknete Physalis

ZUBEREITUNG

Schmilz den Kakaoliquor, die Kakaobutter und den Xylit, und verarbeite alles im Mixer zu flüssiger Schokolade. Tauche die getrockneten Physalis darin ein, und lege sie vorsichtig auf ein Abtropfgitter. Lasse sie abkühlen, und bewahre sie bis zum Verzehr in einem geschlossenen Behälter gekühlt auf.

Weitere Varianten:

Du kannst jede braune oder weiße Schokolade deiner Wahl verwenden, um frische oder getrocknete Früchte zu schokolieren. Geeignet sind fast alle Trockenfrüchte wie Kugelfeigen, Kirschen, Erdbeeren, Rosinen, Datteln, Aprikosen, Maulbeeren und was dir sonst noch einfällt.

Auch frische Früchte wie Bananen, Birnen, Äpfel, Aprikosen, Beeren usw. eignen sich wunderbar dafür.

Schokolierte Früchte

Kuchen und
Torten

Brownies

ZUTATEN

100 g gemahlene Mandeln | 100 g gemahlene Cashewnüsse | Wasser (Menge je nach gewünschter Konsistenz) | 1 geraspelter Apfel | 50 g Mandelmus | 50 g Dattelmus – nach Wunsch auch mehr | 3 EL rohes Kakaopulver | 1 Prise Ceylon-Zimt

Tipp:

Garniere jeden Brownie mit Roh-Schokoraspeln, einer Glasur aus einer flüssigen Schokolade deiner Wahl (Rezepte ab S. 42) und/oder einer Kakaobohne.

ZUBEREITUNG

Verarbeite alle Zutaten in der Küchenmaschine oder von Hand zu einem Teig. Lege eine rechteckige Kuchenform ohne Boden auf eine entsprechend große Platte. Fülle den Teig danach in die Form, drücke ihn fest, und streiche ihn vollkommen glatt. Stelle ihn für 2 – 3 Stunden kühl, und lasse ihn ruhen. Teile danach den Kuchen in gleichmäßige Rechtecke.

Gewürzkuchen

ZUTATEN

150 g gemahlene Mandeln | 150 g gemahlene Paranüsse | 100 g gemahlene Erdmandeln | ca. 100 ml frisch gepresster Orangensaft und etwas Wasser (je nach gewünschter Konsistenz) | 1 frisch geraspelter Apfel | 3 EL Dattelmus | 3 EL rohes Kakaopulver | 1 EL fein gemahlene Flohsamenschalen (bei Bedarf) | abgeriebene Schale 1 Orange | ½ TL gemahlene Sternanissamen | ½ TL gemahlene Fenchelsammen | ½ Tasse getrocknete Physalis | ½ Tasse grüne Rosinen | 1 kleine Prise Kristallsalz

Tipp: Bestreiche den Gewürzkuchen anschließend noch mit einer Kakaoglasur aus geschmolzenem Liquor oder aus Kokosöl mit rohem Kakaopulver. Dekoriere jedes Stück mit einem Anisstern.

ZUBEREITUNG

Verarbeite alle Zutaten in der Küchenmaschine oder von Hand zu einem formbaren Teig. Die Konsistenz kannst du durch Zugabe von dem frisch gepresstem Orangensaft oder dem Wasser beeinflussen. Wenn der Teig zu flüssig wird, gib noch etwas Flohsamenschalen dazu, die dann beim Kühlen noch etwas aufquellen können. Lege eine Kuchenform, z. B. eine Kastenform, mit Frischhaltefolie aus, fülle den Teig hinein, und drücke ihn fest. Du kannst auch mit Servierringen oder kleinen Kuchenförmchen arbeiten. Der Kuchen kann gleich verzehrt werden, aber noch besser schmeckt er, wenn du ihn für 5 – 6 Stunden zum Ruhen in den Kühlschrank stellst.

Avocado-Schokocreme-Herz

ZUTATEN

1 frisch hergestellter Brownieteig
(Zubereitung siehe S. 81) |
2–3 reife Avocados | 1 Banane |
2–3 EL rohes Kakaopulver |
2 EL Dattelmus | 1 EL geschmol-
zene Kakaobutter | ½ TL Vanille

Tipp:

Bestreue das Herz zur Dekoration mit
rohem Kakaopulver. Besonders schön
sieht es aus, wenn du den Teller zum
Anrichten mit rohem Kakaopulver und
gemahlenen Pistazien verzierst.

ZUBEREITUNG

Fülle den Brownieteig in eine Herzform ohne Boden. Stelle im Mixer
aus den restlichen Zutaten eine Creme her, und gib sie auf den
Teig. Lasse die Törtchen ca. 2 Stunden im Kühlschrank ruhen. Du
kannst die Form gleich nach dem Befüllen oder später, nach dem
Kühlen, entfernen.

Schokocremetorte auf Cashew-Basis

ZUTATEN

Für den Boden

150 g gemahlene Mandeln |
150 g gemahlene Cashewnüsse |
150 g Banane | 50 g Dattelmus |
2 EL rohes Kakaopulver

Für die Creme

200 ml Wasser | 1 Tasse Dattelmus, je
nach Bedarf auch mehr | 3 EL rohes
Kakaopulver | 500 g Cashewnüsse, die
ca. 6 Stunden eingeweicht wurden |
1 Tasse Kokosöl | 1 Tasse flüssige
Kakaobutter | 1 EL Lezithin

ZUBEREITUNG

Knete alle Zutaten für den Boden in der Küchenmaschine oder von Hand zu einem glatten Teig. Lege eine Springform ohne Boden und mit geschlossenem Ring auf eine Kuchenplatte, fülle sie mit dem Teig, und drücke ihn darin fest. Achte dabei darauf, dass die Oberfläche schön glatt ist.

Gib für die Creme der Reihe nach zuerst das Wasser, dann das Dattelmus und schließlich das rohe Kakaopulver in den Mixer. Füge dann die restlichen Zutaten hinzu, und verarbeite alles zu einer glatten, festen Creme. Verteile sie auf dem Boden, und streiche sie glatt. Gib die Torte dann für 2 Stunden ins Gefrierfach oder über Nacht, für mindestens 12–14 Stunden, in den Kühlschrank, damit sie schön schnittfest wird. Löse dann vorsichtig den Tortenrand mit dem Messer von der Springform, öffne sie und löse sie ab.

Eiscreme

Die Basis für die folgenden Eiscremes sind gefrorene Früchte, die geschält, klein geschnitten und eingefroren werden. So musst du sie nur kurz antauen und kannst sie, wie in den Rezepten angegeben, weiterverarbeiten.

Für besondere Cremigkeit sorgen gefrorene Bananenstücke, die man pur mit Kakao mischen kann oder auch mit fast allen anderen Früchten, und Mandelmus. Wird es zusammen mit den anderen Früchten fein gemixt, bekommt die Creme eine sahnige Konsistenz und schmeckt extrem fein.

Schoko-Bananen-Eiscreme

ZUTATEN

2 kleine gefrorene Bananen |
2 EL rohes Kakaopulver |
1 EL Dattelmus (bei Bedarf)

ZUBEREITUNG

Verarbeite alle Zutaten im Mixer zu einer glatten,
weichen Eiscreme.

Schoko-Mango-Eiscreme

ZUTATEN

250 g getrocknete Kent-Mangostücke
(oder getrocknete Stücke einer
anderen Mangosorte) | 250 ml Wasser |
1 EL Mandelmus | 1 EL rohes
Kakaopulver

ZUBEREITUNG

Weiche die getrockneten Mangostücke im Wasser ein. Sobald sie
aufgeweicht sind, fülle das Wasser in eine Form für Eiswürfel, und
lasse es darin gefrieren. Stelle die eingeweichten Mangostücke solange in den Kühlschrank. Gib sie anschließend mit den Eiswürfeln
in den Mixer, und verarbeite das Ganze zusammen mit dem Mandelmus und dem Kakaopulver zu einer leckeren Mango-Eiscreme.
Fülle die Creme in Schälchen, und dekoriere sie mit frischen Früchten oder Schokoraspeln.

Erdbeer-Schoko-Eiscreme mit Kakaonibs

ZUTATEN

250 g gefrorene Erdbeeren |
100 g gefrorene Bananenstücke |
2 EL Mandelmus | 1 EL Dattel-
mus | 1 EL rohes Kakaopulver |
1 EL rohe Kakaonibs

ZUBEREITUNG

Verarbeite die gefrorenen Früchte mit dem Mandelmus, dem Dattelmus und dem Kakaopulver zu einer weichen Eiscreme. Hebe anschließend sachte die Kakaonibs unter, und serviere die Eiscreme
in hübschen Schälchen.

Trinkschokolade
& Co

Einfache Nussmilch-Schokolade

ZUTATEN

750 ml Wasser | 1 Tasse eingeweichte
Cashewnüsse oder Mandeln |
1–2 EL Dattelmus
(je nach gewünschter Süße) |
1 gehäufter EL rohes Kakaopulver

Tipp:

Anstelle der Nüsse kannst du auch
Nussmuse oder gefilterte Nuss-
milch (einweichen, mixen und filtern)
verwenden.

ZUBEREITUNG

Erwärme das Wasser auf bis zu 40 °C, und vermenge es mit den
restlichen Zutaten im Mixer zu einem feinen Kakaogetränk.

Schokoshake

ZUTATEN

ca. 1 Liter Wasser (je nach gewünsch-ter Konsistenz) | Saft von zwei Oran-gen | 2 EL Mandelmus | 2 EL Kokos-mus | 5 geschälte Paranusskerne | 1–2 EL Dattelmus | 1 EL rohes Kakao-pulver | 1 TL Lucumapulver | ½ TL Ma-capulver | ½ TL AFA-Algenpulver | 1 Prise schwarzer Pfeffer

Tipp: Wenn du keine Nussmuse vorrätig hast, kannst du natürlich auch frische Nüsse, vorzugsweise eingeweicht, verwenden. Gib noch 2–3 Eiswürfel in den Mixer, und du erhältst einen leckeren Eisshake, der an heißen Sommertagen für eine willkom-mene Erfrischung sorgt. Umgekehrt lässt sich der Schokoshake aber auch spielend leicht in ein perfektes Getränk für kalte Wintertage verwandeln. Erwärme dafür einfach das Wasser auf etwa 38 °C.

ZUBEREITUNG

Verarbeite alle Zutaten im Mixer zu einem cremigen Shake.

Schoko-Erdbeer-Shake

ZUTATEN

1 Banane | 1 Tasse Erdbeeren |
2 EL Mandelmus | 1 EL rohes
Kakaopulver | 1 EL Dattelmus |
1 TL Carobpulver

ZUBEREITUNG

Verarbeite alle Zutaten im Mixer zu einem frischen, cremigen Shake.

Pure-Love-Smoothie

– ein Lieblingsrezept von Thorsten Weiss

ZUTATEN

200 ml Quellwasser | 2 EL Mandelmus |
3 frische Datteln | 1 EL Maca | 1 EL rohes
Kakaopulver | etwas abgeriebene Schale von
1 Bio-Orange | 1 Prise Chilipulver

ZUBEREITUNG

Vermixe alle Zutaten im Blender für eine Minute zu einem stärken-
den, feurig-schokoladigen Liebesdrink.

ABBILDUNGSVERZEICHNIS

Fotos zu den Rezepten von Thorsten Weiss und Jenny Bor: Thorsten Weiss und Jenny Bor / Fotos zu den Rezepten von Britta Diana Petri: Britta Diana Petri, RainbowWay® Akademie / Foto vom Personal Blender: mit freundlicher Genehmigung von Keimling Naturkost GmbH

weitere Fotos & Grafik-Derivate von fotolia.com:
Hintergrund: 25189996 © evarin20/Schokoherz: 31249067 © picsfive/
Ornamente: 37678869 © Danussa/Bilderrahmen: 36107484 © Ksym/
Ornamente: 34417335 © Evgenia Smirnova/Ornamente: 33532398 © panco/
S. 73, 78: 33231034 © Uwe Annas/S. 63, 74: 39508469 © jd-photodesign/
S. 64, 76, 79: 40754713 © atoss/S. 66, 69, 83: 43116736 © Giuseppe Porzani/
S. 43, 50: 46371690 © mates/S. 75, 79: 48169085 © Natika/
S. 16: 41154325 © ub-foto/S. 18, 79: 44688601 © rvlsoft/S. 79: 37508850 © photocrew/
S. 32: 44377134 © HLPhoto/S. 31: 30527558 © monamakela.com/
S. 24, 31: 36307629 © photocrew/S. 13: 36385915 © Printemps/
S. 18, 79: 44688601 © rvlsoft

Über die Autoren

THORSTEN WEISS

ist Coach für Neues Bewusstsein, Meditation und Selbstheilung und erfolgreicher Autor. Mit seiner Arbeit zeigt er Menschen, wie sie ihre Selbstheilungskräfte aktivieren können, um chronischen Krankheiten und Krebs zu begegnen, Körpergewicht zu reduzieren oder ihre Ernährungsgewohnheiten neu auszurichten. Regelmäßig bietet er Fernkurse, Seminare, Meditations- und Erlebnisabende an. Er hat gemeinsam mit Jenny Bor die Bücher »Being Slim – Programmiere deinen Körper aufs Abnehmen«, »Zellleuchten – Warum Gott kein Fast Food isst« und »Super Foods – Iss dich vital, gesund und schön« im Schirner Verlag veröffentlicht.

Weitere Informationen unter: www.behealed.de und www.jennybor.com

BRITTA DIANA PETRI

ist Gründerin und Leiterin der RainbowWay® Akademie, einer freien Schule für natürliche Gesundheitsvorsorge, vegane Vitalkost und holistische Lebenskunst. Hier bildet sie ganzheitlich und vegan ausgerichtete »Holistische Gesundheits-, Vitalkost- und Lebensberater« sowie »Holistische Vitalkost-Zubereiter« aus. Im Zentrum ihrer Tätigkeit stehen Methoden, mit denen Menschen ihre Lebenskraft erhalten, pflegen und stärken können.

Weitere Informationen unter: www.RainbowWay.de